50 BRINCADEIRAS
PARA FAZER AO AR LIVRE OU DENTRO DE CASA

GIRASSOL

SUMÁRIO

Profissões 1
Jogo da memória com dominós 2
Encaçapando bolinhas de gude 3
Rato sentado 4
Batata quente 5
Vou viajar 6
Pula-mula 7
Bomba 8–9
Pirâmide 10–11
Relógio 12
Saquinho 13
Quadrados coloridos 14–15
Dança da cadeira 16
Jogo da lata 17
Objeto perdido 18
Pegue dez 19
Jogue ou pague 20
Quente ou frio? 21
O melhor caminho 22–23
Navio, capitão e marujo 24
A bola da vez 25
História esquisita 26–27
Blefe 28
Arrumação 29
Mercado sem "I" e "O" 30
Coelhos e caçadores 31
Dominó em cruz 32
Pinguins no bloco de gelo 33
Resta um 34–35
Bipe 36
Corre cutia 37
Jogo do garçom 38
Bola na parede 39
Bola em fila 40–41
Vitória-régia 42
Wali 43
Varre-tudo 44–45
Palavra proibida 46
Bola no meio 47
Frase sem fim 48–49
Mölkky 50
Cinco-marias 51
Um, dois, três... sol!. 52–53
Amarelinha 54–55
Corrida do ovo 56–57
Lobo 58–59
Discoteca 60–61
A águia, a galinha e os pintinhos 62
Lagartixa 63
Queimada 64

LEGENDA

NÍVEL DE DIFICULDADE

 Fácil   Médio    Difícil

PARA BRINCAR DENTRO OU AO AR LIVRE

 Dentro de casa   Ao ar livre

NÚMERO DE JOGADORES

1 jogador (1) ou mais (+1)   2 jogadores (2) ou mais (+2)   3 jogadores (3) ou mais (+3)

TIPO DE BRINCADEIRA

Ação   Raciocínio   Imaginação   Habilidade manual   Velocidade   Sorte

© Éditions Caramel, Bélgica, 2018
Título original: *50 indoor & outdoor activities*
Concepção: Galia Lami Dozo - van der Kar
Brincadeiras: Valérie Muszynski
Ilustrações: JHS Studio
Projeto gráfco: Florence Mayné

Publicado no Brasil por:
Girassol Brasil Edições Eireli
Al. Madeira, 162 – 17º andar – Sala 1702
Barueri – SP – 064545-010
leitor@girassolbrasil.com.br / www.girassolbrasil.com.br

Direção editorial: Karine Gonçalves Pansa
Supervisão editorial: Carolina Cespedes
Assistente editorial: Carla Sacrato
Coordenação e edição de texto: Ab Aeterno
Tradução: Luciana Peixoto
Revisão: Silvia Correr, Vanessa Spagnul, Helena Dias, Patrícia Vilar e Camile Mendrot
Diagramação: Ingrid Carmona

PROFISSÕES

Adivinhe a profissão do mímico.

Como jogar:

Um jogador é escolhido para ser o mímico.
O mímico escolhe uma profissão. Por exemplo: padeiro, professor, cabeleireiro, policial, jardineiro etc.
Enquanto ele faz a mímica dos gestos comuns da profissão, os outros jogadores tentam adivinhar de qual profissão se trata e fazem sugestões, tantas quanto desejarem. Mas não podem fazer perguntas nem o mímico pode falar.
O primeiro jogador que acertar a resposta passa a ser o novo mímico.
Desafie seus amigos! Parece fácil, mas pode apostar que não é!

JOGO DA MEMÓRIA COM DOMINÓS

Ganhe mais dominós.

Você vai precisar de:
- 1 caixa com 28 dominós

Como jogar:

Vire as peças do dominó para baixo sem que fiquem sobrepostas; depois, embaralhe-as.
Na sequência, distribua os dominós em linhas e colunas.

Em sua vez, cada jogador vira dois dominós. Se as duas peças tiverem uma das metades igual, o jogador ganha os dois dominós e os remove do jogo. Isso lhe permite outra jogada. Caso ganhe de novo, ele joga outra vez, e assim sucessivamente até que os dominós saiam diferentes. Nesse caso, ele perde a vez e deve recolocar os dois últimos dominós com as faces viradas para baixo, no lugar em que estavam.

É preciso se lembrar da posição dos dominós virados anteriormente para ganhar duas peças com metades idênticas.
O jogo termina quando todos os dominós tiverem sido desvirados.
Vence o jogador que tiver mais peças.

ENCAÇAPANDO BOLINHAS DE GUDE

Faça o máximo de pontos possível.

Você vai precisar de:

- 1 caixa vazia de sapatos
- Algumas bolinhas de gude

Como jogar:

Prepare a caixa de sapatos, cortando, na borda, alguns buracos de tamanhos diferentes e largos o suficiente para as bolinhas de gude passarem.

Feito isso, escreva um número acima de cada buraco. Esse número corresponde aos pontos que você fará sempre que fizer a bolinha passar por ele.

O buraco maior marca 1 ponto e o menor, 10, pois é mais difícil fazer a bolinha passar por ele.

Cada jogador recebe o mesmo número de bolinhas.

Posicione a caixa virada para baixo e, juntos, definam uma linha de partida, a qual deverá ser respeitada quando cada jogador for lançar as bolinhas.

Os jogadores se revezam, um após o outro.

A cada vez que um jogador conseguir fazer uma bolinha passar pelo buraco, os pontos correspondentes ao buraco são anotados.

Quando todos os jogadores ficarem sem bolinhas, as pontuações são calculadas. Quem tiver mais pontos vence.

RATO SENTADO
Evite ser pego pelo gato!

Como jogar:

Um jogador é escolhido para ser o gato; os demais são os ratos.
O gato corre atrás dos ratos para capturá-los. Para escapar, eles podem se sentar em qualquer lugar – em um banco, uma pedra, uma cadeira ou em qualquer outro objeto, menos no chão!
Quando o gato conseguir pegar um rato, o rato se torna o gato, e o gato, o rato!

VARIAÇÃO: Gato colorido

Como jogar:

Desta vez, o gato diz uma cor.
Para se proteger, os ratos devem encostar em algo da mesma cor escolhida pelo gato.
Mas bem rápido, pois o gato desaforado pode mudar a cor no momento que quiser!
Como na primeira versão, quando o gato alcança um rato, ele também se torna um rato, e o rato vira o gato!

BATATA QUENTE

Evite ser pego com a batata na mão!

Você vai precisar de:

- 1 batata ou bola de papel
- Música

Como jogar:

Escolhe-se um mestre do jogo, que deverá iniciar e parar a música. Os demais jogadores formam um círculo.
Um deles pega a batata.
Quando a música começar, ele passa, rapidamente, a batata para o seu vizinho à direita. E assim a batata vai de um jogador a outro, sucessivamente.
Quando, de repente, o mestre parar a música, quem estiver segurando a batata é eliminado e sai do círculo.
Vence quem ficar até o fim do jogo.

Pequena variação:

Quando houver muitos jogadores, poderão ser passadas duas batatas. Isso tornará a brincadeira ainda mais divertida!

VOU VIAJAR

Seja o último jogador a ficar!

Quando vamos viajar, primeiramente arrumamos a mala... e é incrível a quantidade de coisas que levamos, não é mesmo?

Como jogar:

Nesta brincadeira, o primeiro jogador diz: "Vou viajar e na minha mala eu coloquei..."; então, ele faz a mímica do objeto que quer levar (por exemplo, se for uma escova de dentes, ele finge escovar os dentes).

Depois, o segundo jogador repete a frase: "Vou viajar e na minha mala eu coloquei..."; e ele faz a mímica do objeto do primeiro jogador e do seu (por exemplo, um chapéu).

E assim o jogo continua. Todos os jogadores da sequência devem fazer a mímica dos objetos anteriores na ordem certa e adicionar um objeto em sua vez.

Se um jogador erra a sequência ou se esquece de um objeto, ele é eliminado!

Vence o jogador que ficar até o fim do jogo!

PULA-MULA*

Pule o máximo de mulas que conseguir!

Como jogar:

Escolhe-se o jogador que será a primeira mula. Esse jogador se abaixa com a cabeça o mais inclinada possível. Se quiser ter mais estabilidade, pode apoiar as mãos nos joelhos.
O segundo jogador deve pulá-lo, apoiando as duas mãos nas costas da mula, abrindo as pernas e saltando sobre ela.
Feito isso, o segundo jogador também se posiciona como mula, 3 ou 4 metros de distância após o primeiro jogador.
É a vez de o próximo jogador pular as mulas e pegar seu lugar na fila.
O jogador que não conseguir pular uma mula é eliminado.
O jogo continua até que todas as mulas estejam muito cansadas para pular.
Se houver muitos jogadores, poderão ser formados dois times (cada um com o mesmo número de jogadores). Nesse caso, cada time faz uma fila.

Pequena variação:

As mulas podem gradualmente ficar mais altas. Assim aumenta-se o grau de dificuldade!

*Este jogo também é conhecido em algumas regiões do Brasil como "Pula-carniça" e "Pula-sela".

BOMBA

Evite ficar com a bomba para ela não explodir em suas mãos!

Você vai precisar de:

- 1 bola
- 1 lenço

Como jogar:

Um jogador é escolhido para ser o contador, que irá fazer a contagem progressiva da bomba. Os demais jogadores ficam em pé, em círculo.

O contador venda os olhos com o lenço e se senta no meio do círculo.

Um dos jogadores do círculo pega a bola. Ao dizer "bip", o contador indica que começou a contar; então, os jogadores devem passar a bola de mão em mão.
A contagem deve ser feita mentalmente e de forma bem rápida.
Quando o contador chegar ao número 20, deve dizer "vinte" em voz alta.
Se quiser, o contador pode mudar a direção do caminho da bola dizendo: "Vira!" (isso pode acontecer diversas vezes durante o jogo). Nesse caso, os jogadores começam a passar a bola na direção oposta.
Quando o contador chegar ao 30, deve dizer "trinta" em voz alta. Ao chegar ao 40, ele diz "bomba!".
O jogador que estiver com a bola na mão neste momento deve se sentar no chão, pois a bomba explodiu em suas mãos!
Então, o jogo recomeça.
O jogo termina quando houver apenas um jogador em pé.

Pequena variação:

O jogador que estiver com a bola nas mãos quando a bomba explodir não se senta no círculo. Em vez disso, troca de lugar com o jogador que faz a contagem e passa a ser o contador.

VARIAÇÃO: Bomba em chamas

Evite ficar com a bomba para ela não explodir em suas mãos – mas siga as ordens!

Nesta versão, as coisas vão complicar um pouquinho!

Como jogar:

- O contador dá ordens a qualquer hora.
- A ordem precisa ser seguida até que outra ordem seja dada. Por exemplo: se o contador diz "Com um pé para cima", os jogadores (exceto os que estiverem sentados) precisam colocar um pé para cima. Se ele disser "O pulo do coelho", os jogadores têm que pular como coelhos; se ordenar "Por trás das costas", os jogadores precisam passar a bola por trás das costas. Ou "Por entre as pernas", eles devem passar a bola por entre as pernas. E assim por diante, de acordo com a imaginação do contador.
Claro, o contador continua contando... e a bomba pode explodir a qualquer momento!

PIRÂMIDE

Destrua a pirâmide e ganhe as bolinhas de gude do Faraó.

Você vai precisar de:

- Algumas bolinhas de gude
- 1 pedaço de giz

Como jogar:

Desenhe um círculo de 30 a 40 centímetros de diâmetro no chão.
Um dos jogadores é escolhido para ser o Faraó, que deve colocar quatro de suas bolinhas de gude no meio do círculo, empilhando-as em forma de pirâmide (uma bolinha no topo das outras três que servem de base).
Os demais jogadores sentam-se ao redor, próximos o suficiente para jogar as bolinhas dentro do círculo desenhado.
O primeiro jogador lança uma de suas bolinhas na pirâmide, de maneira a fazê-las sair do círculo. Se ele conseguir acertá-las, embolsa todas as bolinhas que rolarem para fora. No entanto, se sua bolinha continuar dentro do círculo, o Faraó a pega imediatamente.
Se não conseguir fazer nenhuma bolinha da pirâmide sair do círculo, o jogador não recupera nem a bolinha que jogou (que passará a pertencer ao Faraó) e espera a sua vez de jogar de novo.

O segundo jogador tenta acertar as bolinhas e fazê-las sair do círculo, e assim sucessivamente acontece com todos os jogadores.
O jogo termina quando não há mais bolinhas dentro do círculo.
Então, outro jogador é nomeado Faraó.

Pequena variação:

Nesta versão, que é mais fácil, não se desenha o círculo.
O Faraó põe quatro de suas bolinhas em formato de pirâmide; o primeiro jogador que as tocar com sua bolinha pega todas elas para si e se torna o novo Faraó.

RELÓGIO

Tente reproduzir o relógio antes de os quatro reis aparecerem.

 Você vai precisar de:

- 52 cartas de baralho

Como jogar:

Divida as cartas em 12 montes de quatro cartas; posicione-as em círculo, com as faces para baixo, como se fossem os 12 números de um relógio.
Sobram quatro cartas, que devem ser colocadas no meio do círculo, também com as faces para baixo.
O jogo consiste em reproduzir as horas corretas nos montes, ou seja, um monte é colocado na posição de 1 hora no relógio, um para o 2, outro para o 3, e assim até 12.
O ás corresponde a 1 hora; o valete, a 11; e a dama, a 12. Para começar o jogo, deve-se virar para cima, aleatoriamente, uma das quatro cartas do meio, que deverá então ser colocada no final do seu monte correspondente; a primeira carta desse monte é retirada de lá e colocada no seu lugar correspondente. Por exemplo, se a primeira carta do meio virada for um 5, ela é posta no final do monte de 5 (que fica no lugar das 5 horas) e uma carta desse monte é retirada e colocada em seu monte correspondente.

Sempre haverá quatro cartas para cada hora. As cartas vão sendo viradas e colocadas nas posições certas, até que se ache um rei. Então, o rei é posto no meio do relógio e outra carta é tirada de lá; e o jogo prossegue.
É preciso terminar o relógio antes de os quatro reis aparecerem. Às vezes, eles aparecem muito rápido!

SAQUINHO

Encontre a palavra que ainda não foi dita.

Como jogar:

Os jogadores sentam-se em círculo no chão.
O primeiro jogador junta as mãos para fazer de conta que segura um saquinho e diz: "O que devemos colocar no saquinho?" e faz a mímica de passá-lo ao jogador à sua direita. Este jogador então finge que segura o saquinho com suas mãos e diz uma palavra que termine com "inho". Por exemplo: tomatinho, vinho, pinheirinho etc. E assim o saquinho passa por todo o círculo.
Se não conseguir achar uma palavra ou disser uma palavra que já tenha sido dita, o jogador é eliminado.
Vence o jogador que ficar por último.
Pode-se também jogar com uma rima diferente. Por exemplo, com a palavra chapéu. "O que eu devo colocar no meu chapéu?". E, então, os jogadores precisam achar palavras terminadas com "éu". Ou, então, pode-se jogar com a palavra sacola ou bolsa.

QUADRADOS COLORIDOS

Pinte o máximo de quadrados possível.

Você vai precisar de:

- 1 folha de papel quadriculado
- 2 lápis de cores diferentes para cada jogador

Como jogar:

Desenhe o tabuleiro do jogo em um papel: um quadrado composto de, pelo menos, seis quadrados menores. Se quiser, você pode fazê-lo maior: com sete, oito, nove ou dez quadrados menores (ou até mais). Quanto maior o quadrado, mais demorado é o jogo.

Depois os jogadores se revezam, cada um na sua vez desenha uma das linhas laterais dos quadradinhos da tabela com o lápis.

Quando um jogador completa um quadrado com a linha, ele pinta o quadrado obtido com seu lápis de cor (ou ele pode escrever suas iniciais dentro dele). Então ele joga de novo.

Quando não há mais quadrados brancos no diagrama, todos os coloridos são contados.

Vence o jogador que tiver mais quadrados.

VARIAÇÃO: O último número
Escreva o último número na tabela.

- Desenhe o diagrama do jogo: um quadrado com cinco linhas e cinco colunas.
- Um dos jogadores começa, escrevendo o número 1 dentro de um dos quadrados do diagrama.
- O segundo jogador escreve o número 2 em um quadrado seguindo estas regras: o número da sequência precisa estar na mesma linha ou na mesma coluna do número anterior. E não pode haver números entre esses dois números.
- O próximo número a ser escrito é o 3, e assim por diante.
- O jogador que escrever o último número possível no diagrama ganha a rodada e fica com o número de pontos correspondente ao algarismo que ele escreveu. Por exemplo, se ele escrever o número 14, ele fica com 14 pontos.
- Então, o jogo continua com outro diagrama. No início, pode-se decidir o total que deve ser alcançado para se ganhar o jogo.

Observação:
Este jogo também pode ser jogado sozinho; nesse caso, você tem que ser habilidoso para completar o diagrama todo!
Você vai entender o jogo rapidinho e não vai querer parar de brincar!

DANÇA DA CADEIRA

Não fique sem cadeira!

Você vai precisar de:

- Cadeiras (uma cadeira a menos que o número de jogadores)
- Música

Como jogar:

O grupo escolhe o mestre do jogo, que será o responsável por controlar a música.
As cadeiras devem ser colocadas em formato de círculo, com os assentos voltados para fora.
Quando a música começar, todos os jogadores têm que andar em volta das cadeiras.
Quando quiser, o mestre do jogo para a música. Nesse momento, os jogadores precisam se sentar em uma cadeira. O jogador que ficar sem cadeira é eliminado (dois jogadores não podem se sentar na mesma cadeira). Nesse caso, ele pega uma cadeira e vai com ela para o canto da sala.
O jogo continua com uma cadeira a menos que o número de jogadores. E a música recomeça.
O jogador que se sentar na última cadeira vence o jogo.

JOGO DA LATA

Derrube todas as latas!

Este jogo costuma ser encontrado em parques de diversões do mundo inteiro.

Você vai precisar de:

- 10 latas vazias e limpas
- 1 bola de meia ou uma bola de borracha pequena

Como jogar:

Empilhe todas as latas em forma de pirâmide sobre uma mesa ou muro baixo: quatro latas embaixo, com um pequeno espaço entre elas; três em cima delas; duas em cima das três e, no topo, uma.
Marque uma linha de partida a cinco passos de distância da pirâmide de latas.
Cada jogador tem três tentativas para derrubar a pirâmide.

Se conseguir derrubar todas as latas com apenas uma tentativa, o jogador ganha 10 pontos. Se derrubá-las com duas tentativas, ganha 5 pontos. E, se precisar de três tentativas, ele ganha 2 pontos. Caso não consiga derrubar a pirâmide, ele não ganha nenhum ponto.
O número de rodadas do jogo deve ser combinado previamente.
Uma sugestão:
Como em um parque de diversões, os jogadores podem ganhar prêmios.

17

OBJETO PERDIDO

Encontre o objeto perdido.

Você vai precisar de:

- 12 objetos diferentes (ou até mais!), de cores e formas variadas

Como jogar:

Espalhe todos os objetos na mesa ou no chão.

Em seguida, um dos jogadores é escolhido. Ele olha cuidadosamente para todos os objetos e tenta memorizá-los. Então, dirige-se para um canto e fica de costas para os colegas.

Enquanto isso, os outros jogadores tiram um ou dois objetos, escondendo-os discretamente. Eles chamam o outro jogador de volta para descobrir quais objetos estão faltando. Se acertar, ele escolhe o jogador que irá substituí-lo na rodada seguinte. Senão, ele tem que pagar uma prenda, é claro!

Observação:

É possível complicar um pouco embaralhando os objetos antes de o jogador voltar... Se houver muitos objetos, ele precisará ter uma memória muito boa!

PEGUE DEZ

Não deixe que tirem a bola de você!

Você vai precisar de:

- 1 bola

Como jogar:

Os jogadores formam dois times e se espalham pelo campo.
Um deles joga a bola para cima, bem alto. O jogador que a pegar grita "um" e a joga para um dos seus colegas de time. Esse jogador precisa pegá-la e dizer "dois". Em seguida, ele joga a bola para outro colega, que deve pegá-la e gritar "três". E assim por diante, até chegar a "dez".
Enquanto isso, os jogadores do outro time precisam fazer de tudo para pegar a bola. Se conseguirem tomá-la, eles tentam passar a bola entre si até chegar a "dez".
O primeiro time que chegar a "dez" ganha a partida.
Se a bola cair ou for tomada pelo outro time, a contagem precisa recomeçar do "um".

Pequena variação:

Pode-se simplificar o jogo deixando de contar o número de passes. Enquanto um time detém a bola, os jogadores a passam entre eles até que os adversários a tomem.
O jogo termina quando todos os jogadores estiverem exaustos!

JOGUE OU PAGUE

Não perca seus peões!

Você vai precisar de:

- 1 baralho de 52 cartas
- Alguns peões ou – melhor ainda – algumas balas
- 1 tigela

Como jogar:

As cartas são distribuídas entre os jogadores; cada um recebe também 20 peões. A tigela é colocada na mesa.

O primeiro jogador (o mais novo, por exemplo) escolhe uma de suas cartas e a coloca na mesa. O jogador seguinte precisa colocar uma carta na mesa com o próximo valor mais alto em relação àquela já colocada pelo primeiro jogador.

As cartas precisam ser organizadas em colunas de 13 cartas. Por exemplo, se o primeiro jogador tiver posto uma dama, o jogador seguinte precisa pôr um rei de qualquer naipe. O terceiro jogador precisa colocar um ás, e assim por diante até que uma série de 13 cartas seja completada. Então, após o rei, a carta seguinte é o ás, e depois o 2, o 3, e assim por diante.

Quando um jogador não tem a carta da sequência, ele não põe nenhuma carta, mas paga colocando um peão na tigela.

Quando uma série de 13 cartas é completada, os jogadores começam outra série. Então, o jogador seguinte deposita a carta que quiser, e assim o jogo prossegue.

No final, quatro colunas de 13 cartas podem ser feitas. O primeiro jogador a colocar a sua última carta é o vencedor e fica com todos os peões da tigela.

Se os peões forem balas, vale muito a pena ganhar o jogo!

QUENTE OU FRIO?*

Encontre o objeto perdido seguindo as instruções.

Como jogar:

O jogador que fará o papel de pegador fecha os olhos, enquanto o mestre do jogo esconde um objeto.

Quando o objeto estiver bem escondido, o mestre do jogo e os demais jogadores falam para o pegador, de acordo com a direção para onde ele está indo, se ele está "quente" ou "frio".

Se o pegador estiver longe do objeto escondido, o mestre do jogo diz para ele "frio" ou, se ele estiver se afastando, "muito frio", ou, ainda, caso ele esteja muito longe do objeto, "congelando".

Entretanto, se o pegador estiver na direção correta, o mestre do jogo diz "quente", "muito quente" ou "fervendo", quando estiver muito perto do objeto a ser achado.

O pegador vence quando encontra o objeto. Depois, outro jogador assume o lugar dele.

*Este jogo é muito comum na Polônia.

O MELHOR CAMINHO

Seja o primeiro a alcançar a linha de chegada.

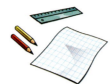

Você vai precisar de:

- Papel quadriculado
- 1 régua para desenhar as linhas
- Alguns lápis de cor

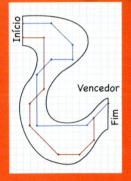

Como jogar:

Desenhe uma figura que tenha todos os lados fechados no papel quadriculado. O interior dessa figura será a zona de jogo (veja no modelo).

O primeiro jogador começa. Ele anota com um lápis colorido seu ponto de partida e desenha uma linha até o ponto seguinte, sempre seguindo uma linha horizontal, vertical ou diagonal pelos quadrados. Ele pode desenhar uma linha por quantos quadrados quiser; apenas precisa prestar atenção porque, na sua vez, na rodada seguinte, ele pode continuar o caminho avançando uma unidade a mais ou a menos de quadrados que na jogada anterior. Por exemplo, se avançar três quadrados, ele só poderá avançar dois ou quatro quadrados na rodada seguinte. A linha não pode encostar nas margens da zona de jogo e, muito menos, ultrapassá-las.

Depois, é a vez do segundo jogador, que deve fazer o mesmo com uma cor diferente.

Os jogadores se revezam para desenhar seus caminhos, que podem se cruzar. Vence o jogo o primeiro jogador a alcançar a linha de chegada (ele precisa parar exatamente nela).

Observação:

Quanto mais criativo for o formato da área de jogo, mais divertido será jogar! E quanto mais jogadores houver, mais difícil será fazer seu caminho!

VARIAÇÃO: Bloqueado!

Seja o primeiro a desenhar seu caminho ou a bloquear o adversário.

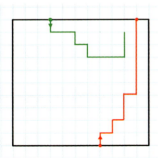

O vermelho venceu!

Como jogar:

Desenhe uma área de jogo retangular ou quadrada em um papel quadriculado. É melhor definir uma área bem pequena.

Cada jogador escolhe um lápis de cor e define seu ponto de partida em uma das margens da área de jogo. O objetivo é desenhar o seu caminho de uma margem até a outra.

O primeiro jogador começa a desenhar sua primeira linha partindo da borda superior do quadrado. O segundo jogador faz o mesmo em outro quadrado.

Então os dois jogadores se revezam para construir seus caminhos avançando um quadrado de cada vez, sempre na horizontal ou na vertical e nunca passando por cima do caminho do adversário.

Uma boa estratégia para vencer é tentar parar seu adversário, bloqueando-o para que ele não avance mais.

O primeiro jogador a alcançar a linha de chegada vence o jogo.

NAVIO, CAPITÃO E MARUJO

Construa sua frota e percorra a maior distância.

Você vai precisar de:
- 5 dados
- Papel
- Lápis

Como jogar:

Neste jogo, uma frota consiste em um navio, um capitão e um marujo. Para construir sua frota, cada jogador precisa, primeiramente, tirar no dado um 6 (que corresponde ao navio), seguido por um 5 (para o capitão) e, por último, um 4 (para o marujo). Em cada rodada, o jogador pode jogar o dado três vezes.

Na primeira jogada, se o jogador não conseguir tirar um 6, ele joga o dado de novo, mesmo se tiver tirado um 5 ou um 4. Se tirar um 6, ele separa o dado: isso dá a ele o navio. Se ele também tirar um 5 (o capitão), também separa o dado e joga os dados que restarem. É preciso seguir a ordem 6, 5, 4. Se o jogador tirar um 4 (o marujo) sem ter tirado o 5 (o capitão), ele precisa jogar novamente.

Depois de ter jogado o dado três vezes, os jogadores anotam os resultados: se tiver conseguido construir sua frota com um 6, seguido de um 5 e depois de um 4, soma os números dos últimos dois dados: a soma corresponde à distância percorrida por sua frota. Mas, se não tiver conseguido construir sua frota, ele anota um 0!

O jogo deve ter diversas rodadas, que devem ser definidas no início; por exemplo, os jogadores podem combinar que o jogo tenha seis rodadas.

Vence o jogador que tiver percorrido a maior distância ao final do jogo.

24

A BOLA DA VEZ

Reaja bem rápido para pegar a bola!

 Você vai precisar de:
- 1 bola

Como jogar:

Um jogador é escolhido para ser o arremessador. Os outros ficam em pé, formando um círculo.
O arremessador anda em volta do círculo com a bola nas mãos.
De repente, sem avisar, ao mesmo tempo em que joga a bola para cima, ele grita o nome de um dos jogadores.
O jogador escolhido precisa reagir bem rápido, sair do seu lugar e correr para pegar a bola antes que ela caia no chão. Se conseguir pegá-la, ele troca de lugar com o arremessador. Senão, ele volta para o círculo.
E o jogo continua até todos se cansarem.

HISTÓRIA ESQUISITA

Inventem juntos uma história mirabolante!

Você vai precisar de:
- 1 folha de papel
- Alguns lápis... e muita imaginação!

Como jogar:

O grupo escolhe quem será o mestre do jogo, isto é, quem guiará a história.

O mestre faz uma pergunta ao primeiro jogador. Por exemplo, "quem?".

O primeiro jogador escreve sua resposta no papel e dobra-o de modo que o jogador seguinte não possa ler o que ele acabou de escrever; então, passa o papel ao próximo jogador.

É a vez de o segundo jogador responder à pergunta que o mestre do jogo vai fazer. Por exemplo: "o que ele faz?". Ele escreve sua resposta no mesmo papel e também o dobra para esconder o que escreveu.

Então é a vez do jogador seguinte... e assim por diante. Cada jogador responde a diferentes perguntas feitas pelo mestre sem ter ideia das outras partes da história imaginadas por seus amigos.

Quando todos os jogadores tiverem escrito alguma coisa, o mestre pega o papel, desdobra-o e lê a história inventada por todo mundo. Vai ser difícil não rir!

As perguntas podem ser feitas nesta ordem: Quem? O que ele faz? Com quem ele está? Onde? Quando? Por quê? E muitas outras mais!

VARIAÇÃO: Personagem esquisito desenhado

Desenhem juntos um personagem estranho e engraçado!

Como jogar:

Para começar, um jogador (o mais velho, por exemplo) dobra um pedaço de papel em quatro partes iguais na horizontal. Ele numera cada parte de 1 a 4. A parte 1 será a cabeça e o pescoço; a 2 será o torso e os braços; a 3, os quadris e as pernas; e a 4, os pés.

O primeiro jogador desenha a cabeça e o pescoço do personagem (uma pessoa ou animal) na parte 1, deixando as linhas do pescoço chegarem até a parte 2, mas sem mostrar o desenho para ninguém. Então, ele dobra o pedaço de papel.

O próximo jogador desenha o torso e os braços, seguindo as linhas do pescoço, e também deixa algumas linhas de seu desenho chegarem até o pedaço de papel seguinte. Ele dobra o papel e o passa para o outro jogador.

E assim continua. Os jogadores passam o papel e desenham parte do personagem sem saber o que já foi feito. Quando a última parte estiver completa, o papel será todo desdobrado, revelando o personagem esquisito!

Observação:

Se houver mais de quatro jogadores, cada um deles pegará um pedaço de papel e o dobrará em quatro partes numeradas, como nas instruções acima. Cada jogador desenha a cabeça e o pescoço do personagem. Então, eles passam o papel dobrado para os jogadores seguintes, e assim sucessivamente. Os pedaços de papel percorrem todos os jogadores e quatro personagens são criados.

BLEFE

Minta sem ser pego!

 Você vai precisar de:

- 1 baralho de 32* ou 52 cartas

*Em um baralho de 32 itens, há as seguintes cartas: 7, 8, 9, 10, valete, dama, rei, ás.

Como jogar:

As cartas são distribuídas entre os jogadores, que devem olhá-las sem mostrá-las para os outros.

Feito isso, o primeiro jogador começa: ele diz um naipe (copas, paus, ouros ou espadas) e depois coloca sua carta virada para baixo, na mesa, sem mostrá-la. Daquele momento em diante, os outros jogadores precisam colocar uma carta virada, para baixo, de mesmo naipe. Caso não tenham, não podem deixar que os outros percebam; devem blefar, baixando uma carta de um naipe qualquer.

Quando um jogador coloca sua carta, qualquer um dos adversários pode acusá-lo de ser um mentiroso e dizer que sua carta não é do naipe correto.

O jogador acusado de blefar precisa virar a carta que acabou de colocar na mesa.

Se a carta, de fato, não for do naipe certo, ele deve pegar todas as cartas que estavam na mesa. Mas, ser for correta, o jogador que o acusou fica com o monte de cartas.

Aquele que ficou com o monte coloca outra carta na mesa, virada para baixo, e diz um naipe. E assim o jogo continua.

O primeiro jogador a se livrar de todas as cartas é o grande vencedor... ou o grande mentiroso!

ARRUMAÇÃO

Tenha a menor quantidade de bolas de papel em sua área.

Você vai precisar de:
- Muitas folhas de jornal

Como jogar:

Faça bolinhas com as folhas de jornal.
Divida um campo em duas áreas. Um jogador deve ser o juiz do jogo.
Então, os jogadores formam dois times com o mesmo número de participantes. Os times escolhem uma área.
As bolas de papel são divididas em quantidade igual e espalhadas em cada campo.
O juiz do jogo dá o sinal de partida. Os jogadores têm que jogar as bolas de papel que estão no seu campo para o campo do adversário.
Quando o juiz der o sinal de fim de jogo, os jogadores devem parar de jogar as bolas.
As bolas de cada campo são contadas. O time que tiver menos bolas no campo ganha a rodada.
E o jogo começa novamente!

Pequena variação:

Em vez de bolas de papel, jogue com bolas de borracha. Contudo, neste caso, a regra é rolá-las, sem jogá-las para cima.

MERCADO SEM "I" E "O"

Evite ser pego e traga as compras certas do mercado!

Como jogar:

Os jogadores se sentam no chão em círculo. Um jogador é escolhido para começar. Dirigindo-se ao participante à sua direita, ele diz: "Vou ao mercado. O que eu posso trazer?".
O jogador precisa responder rapidamente com uma palavra que não tenha "I" ou "O". Se ele responder corretamente, é a sua vez de fazer a mesma pergunta a quem está à sua direita; a resposta, é claro, tem que ser outra. E assim continua por todo o círculo.
Quando um jogador erra, ele é eliminado.
O jogo termina quando só restar um jogador: ele será o vencedor e também quem vai voltar do supermercado com mais produtos!

Pequena variação:

É possível complicar o jogo um pouquinho ao limitar o tempo de resposta. Por exemplo, cada jogador tem 5 segundos para responder, caso contrário é eliminado! Nessa versão, você deve pensar bem rápido; então, cuidado para não entrar em pânico!

COELHOS E CAÇADORES

Não deixe os caçadores pegarem você!

Você vai precisar de:

- 1 bola de meia ou 1 bola macia
- 1 pedaço de giz

Como jogar:

Desenhe um círculo no chão, grande o bastante para que todos os jogadores, menos um, possam se mover dentro dele sem esbarrar uns nos outros.

Um dos jogadores é escolhido para ser o caçador. Ele fica com a bola.

Os demais jogadores farão o papel de coelhos e entrarão no círculo.

O caçador precisa acertar a bola nos coelhos.

O coelho que é tocado pela bola se junta ao caçador e passa, com ele, a caçar os outros coelhos, sempre com a bola.

O jogo termina quando não houver mais coelhos!

DOMINÓ EM CRUZ

Seja o primeiro a usar todos os dominós.

Você vai precisar de:
- 1 caixa com 28 dominós

Como jogar:

Se houver três jogadores, o 6 duplo é removido do jogo e colocado na mesa: ele será o dominó inicial da partida. Nesse caso, cada jogador recebe nove dominós e um participante (o mais jovem, por exemplo) começa. Se forem quatro jogadores, cada um recebe sete dominós. O jogador que estiver com o 6 duplo começa o jogo, colocando esse dominó na mesa.

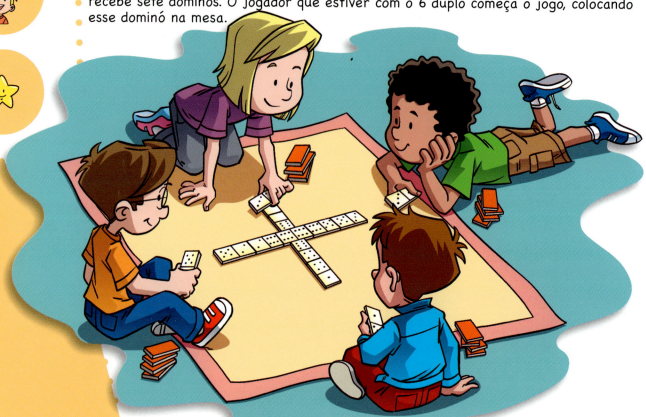

Os quatro primeiros dominós precisam ser postos ao redor do 6 duplo para formar uma cruz. Até que a cruz seja formada, nenhum outro dominó pode ser colocado na mesa.

Quando a cruz for formada, os jogadores se revezam para colocar a próxima peça de dominó de acordo com as regras comuns, ou seja, colocando peças iguais juntas.

Vence o primeiro jogador que usar todas as suas peças.

Caso não tenha dominós em casa, você pode criar os seus. Com a ajuda de um adulto, recorte 28 retângulos pequenos de 5 cm de comprimento por 2,5 cm de altura de papelão. Depois, desenhe neles as 28 combinações possíveis com uma canetinha preta (do 0/0 ao 6/6).

PINGUINS NO BLOCO DE GELO

Fique no bloco de gelo o máximo que puder!

Você vai precisar de:

- Algumas folhas de jornal
- Música

Como jogar:

Espalhe as folhas de jornal no chão, uma ao lado da outra, para formar um grande "bloco de gelo".

O mestre do jogo põe a música para tocar. Então, os demais jogadores – os pinguins – se movimentam na "água gelada" (onde não há folhas de jornal).

Quando a música parar, todos os pinguins correm para o bloco de gelo.

Então, a música recomeça, mas o bloco de gelo derreteu, isto é: o mestre do jogo tirou uma folha de jornal.

Toda vez que a música parar, os pinguins voltam para o bloco de gelo; a cada rodada, eles precisam se amontoar cada vez mais para ficar no bloco! Quanto mais a música tocar, mais o gelo derrete e menos espaço há para os pobres pinguins...

O jogo acaba quando o gelo derreter a ponto de não haver mais espaço para todos os pinguins.

Neste jogo, não há vencedores nem perdedores. Os pinguins precisam se ajudar para ficar no bloco de gelo.

RESTA UM*

Remova o máximo de peças do tabuleiro.

Você vai precisar de:

- 1 papel quadrado
- 36 peças (pedrinhas ou botões)

Como jogar:

Desenhe o tabuleiro no papel quadriculado, conforme o modelo representado abaixo. Depois, coloque as 36 peças no tabuleiro, deixando um quadrado em branco no meio do diagrama.
Uma peça deve pular outra peça e cair em uma casa vazia logo atrás dela. A peça pulada deve ser retirada do jogo. Uma peça só pode se movimentar para pegar outra peça, e deve fazer isso somente na horizontal ou na vertical – nunca na diagonal.

Atenção!
O jogo não é tão fácil quanto parece! Você deve pensar bem antes de fazer sua jogada, caso contrário ficará "preso" por não poder pegar mais nenhuma peça!

*Esta é a versão francesa do jogo "solitário".

Na versão inglesa, são usadas 32 peças e um tabuleiro diferente (como este desenhado à esquerda). A maneira de jogar é a mesma: as peças são posicionadas nas casinhas (exceto na casa do meio) e você tem que eliminar quantas peças conseguir, seguindo as mesmas regras já explicadas.

VARIAÇÃO: A raposa e o ganso

A raposa precisa comer todos os gansos, e os gansos precisam cercar a astuta raposa!

Você vai precisar de:

- Tabuleiro do Resta Um (mas atenção: este jogo precisa de dois participantes)
- 17 peças de uma cor (que serão os gansos)
- 1 peça de cor diferente (que será a raposa)
- Ou 17 pedrinhas e 1 botão

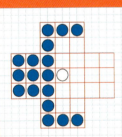

Como jogar:

Coloque as peças no tabuleiro, como no exemplo ao lado.

A pessoa que estiver representando os gansos inicia o jogo, movendo uma de suas peças para um quadrado vazio ao lado de onde está. Os gansos sempre se movem para um quadrado à frente ou ao lado, nunca para trás ou na diagonal.

Depois é a vez da raposa, que pode se mover em todas as direções, mas apenas um quadrado de cada vez. Ela pode comer um ganso ao pular sobre ele e ocupar um quadrado vazio que estiver depois dele. A raposa pode também comer vários gansos ao mesmo tempo, desde que haja um quadrado vazio entre cada par de gansos.

Os gansos ganharão o jogo quando a raposa não puder se mover entre eles e, portanto, não puder comê-los!

A raposa ganhará quando não restarem gansos em volta dela.

35

BIPE

Adivinhe a palavra escolhida pelo outro jogador.

Como jogar:

Um jogador é escolhido para pensar uma palavra, que deverá ser um verbo de ação. Por exemplo: "andar", "pular", "cantar", "correr", "tocar trompete", "navegar", "andar a cavalo" etc.
Os demais jogadores precisam adivinhar essa ação ao fazer perguntas empregando a palavra "bipe" no lugar da ação a ser descoberta. Por exemplo: "Você faz algum som quando está bipe?", "Você faz barulho quando você bipe?", "Você bipe quando está andando?", e assim por diante.
O jogador questionado geralmente responde "sim" ou "não".
Dependendo da idade dos jogadores, podem-se dar dicas para facilitar.
Quando a palavra é descoberta, o jogador que a adivinhou tem que pensar em outra palavra. E o jogo continua.
O jogo deixa todo mundo empolgado rapidinho, porque é divertido fazer bipe!

CORRE CUTIA

Fique de olho no lenço!

Você vai precisar de:

- 1 lenço

*Música do Corre Cutia: Corre cutia, na casa da tia. Corre cipó, na casa da vó. Lencinho na mão, caiu no chão. Moça bonita do meu coração. Pode jogar? Pode!

Como jogar:

Os jogadores sentam-se em um círculo no chão. Um deles fica em pé, com um lenço nas mãos e anda ao redor do círculo, enquanto os outros cantam a música Corre Cutia.*

Depois que as crianças responderem "pode" na música, discretamente, ele deixa o lenço cair atrás das costas de uma delas e volta para o seu lugar vazio. Quando perceber, o segundo jogador precisa levantar e correr atrás do primeiro para tocá-lo antes que ele volte para o seu lugar. Se ele conseguir pegá-lo, senta-se de volta em seu lugar e o primeiro jogador começa a andar em volta do círculo novamente com o lenço. Se não conseguir, ele assume o lugar do primeiro jogador.

JOGO DO GARÇOM

Anote o pedido corretamente, senão pague a conta!

Você vai precisar de:
- 1 lápis • 1 pedaço de papel

Como jogar:

Um jogador é escolhido para ser o garçom da lanchonete. Ele pega a folha de papel e o lápis e vai para um canto.

Os demais jogadores sentam-se ao redor de uma mesa e começam a conversar, como se fossem clientes em uma lanchonete.

O jogador que faz papel de garçom deixa o papel e o lápis em um canto e vai até a mesa. Ele ouve com atenção cada pedido dos jogadores, memorizando-os detalhadamente. Depois, volta para o seu canto e escreve o pedido de cada cliente. Feito isso, ele volta à mesa com seu pedaço de papel e, fingindo servir os pedidos, divulga cada um deles. Se ele errar algum pedido, precisa pagar uma prenda; por exemplo, pular em volta da mesa.

Quando todos os clientes tiverem sido servidos, outro garçom será escolhido.

BOLA NA PAREDE

Neste jogo, o vencedor precisa fazer o menor número de pontos!

Você vai precisar de:
- 1 bola
- 1 pedaço de giz ou fita-crepe
- 1 parede

Como jogar:

Prepare a parede desenhando, com o giz, uma linha na altura de 1 metro acima do chão. Depois, desenhe uma linha no chão a quatro passos largos de distância da parede. Se preferir, marque as linhas com fita-crepe. Você nunca pode ultrapassar essa linha.

Os jogadores formam dois times. Eles começam jogando a bola contra a parede, acima da linha. Um jogador do time adversário tenta pegar a bola sem pisar na linha desenhada no chão. Depois, ele precisa jogar a bola de novo na parede, sempre acima da linha.

Para cada falta (jogar a bola abaixo da linha da parede ou pisar na linha do chão), o time recebe um ponto de penalização.

O primeiro time a receber 10 pontos de penalização perde o jogo!

BOLA EM FILA

Passe a bola o mais rápido que conseguir!

Você vai precisar de:

- 2 bolas iguais

Como jogar:

Os jogadores formam dois times com o mesmo número de participantes. Cada time forma uma fila, com um jogador atrás do outro. Ao mesmo tempo, o primeiro jogador de cada time pega a bola. Então, levantando seus braços, eles passam a bola por cima de suas cabeças, entregando-a para o jogador que estiver atrás.

Da mesma forma, o segundo jogador passa a bola para o terceiro, que passa para o quarto, para o quinto e assim até que ela chegue ao último jogador, que precisa sair do seu lugar e correr com a bola para o início da fila.

Então, ele passa a bola para o jogador que estiver atrás, que a entrega para o seguinte, e assim por diante.

O jogo termina quando o primeiro jogador de todos retornar ao seu lugar no início da fila. O primeiro time a terminar o ciclo ganha a partida.

Pequena variação:

Há muitas variações deste jogo. Por exemplo, você pode passar a bola entre suas pernas, ou de um dos lados do corpo, ou ainda segurá-la nas mãos e contar até cinco. O último jogador pode ir para a frente da fila passando por baixo das pernas de seus colegas. Essas variações deixam o jogo bem divertido!

VITÓRIA-RÉGIA

Seja o primeiro a terminar o caminho.

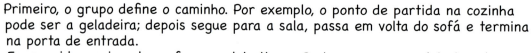

Você vai precisar de:

- 6 cartolinas ou pedaços de papelão

Como jogar:

Primeiro, o grupo define o caminho. Por exemplo, o ponto de partida na cozinha pode ser a geladeira; depois segue para a sala, passa em volta do sofá e termina na porta de entrada.

Em seguida, os jogadores formam dois times. Se houver apenas dois jogadores, eles jogam um contra o outro.

Os dois times vão para o ponto de partida.

O primeiro jogador de cada time pega três cartolinas e põe duas no chão, uma na frente da outra. Então, ele coloca um pé em cima de cada uma. Elas representam as vitórias-régias! Feito isso, o jogador coloca a terceira cartolina na frente, levanta o pé que está atrás e o coloca em cima dessa cartolina. Depois, ele pega a cartolina que não está ocupada e coloca-a na frente outra vez, e assim por diante. Ele deve avançar sempre pisando nas vitórias-régias.

É preciso tomar cuidado para não pisar na "água"!

Quando um jogador termina o caminho, entrega as cartolinas para o jogador seguinte do seu time, que, então, começa o seu caminho nas vitórias-régias.

O primeiro time a terminar o caminho ganha a rodada.

WALI

Pegue as peças do seu adversário.

Você vai precisar de:

- Papel quadriculado e lápis
- 24 peças de cores diferentes (12 de cada cor). Por exemplo, você pode usar 12 pedrinhas e 12 botões, ou 12 botões de uma cor e 12 de outra.

Como jogar:

Desenhe um tabuleiro de 30 quadrados no papel (cinco colunas × seis linhas). Os jogadores se revezam para colocar nele suas 12 peças (uma em cada rodada), tomando cuidado para não alinhar mais de duas peças na horizontal ou na vertical. Quando as 24 peças estiverem no tabuleiro, os jogadores podem começar a movê-las. Para isso, eles se revezam, avançando uma de suas peças em um quadrado, na horizontal ou na vertical, até alinhar três de suas peças. Quando um jogador conseguir alinhar três peças, pode pegar uma peça do adversário, qualquer uma, removendo-a do tabuleiro.

O jogador que tomar todas as peças do adversário ganha o jogo.

VARRE-TUDO*

Como se tivesse uma vassoura nas mãos,
varra as cartas viradas na mesa.

 Você vai precisar de:

- 1 baralho de 52 cartas, sem as cartas de figuras (reis, damas e valetes)

Como jogar:

Três cartas são distribuídas a cada jogador – eles podem olhá-las, sem mostrar aos outros.

Quatro cartas são colocadas no meio da mesa, viradas para cima: essas são as cartas da mesa. O restante das cartas vai para o monte.

O primeiro jogador começa: ou ele "varre" um conjunto de cartas cuja soma resulta 10, ou ele descarta uma carta. Se puder varrer, ele põe uma ou duas cartas, no máximo, na mesa e pega uma, duas ou três cartas da mesa. Então, as cartas que ele varreu são colocadas em uma pilha ao lado (ele não encosta mais nelas), formando o seu monte. Se a mão não permitir ao jogador varrer as cartas da mesa, ele joga uma carta fora, com a face virada para cima na sua frente: este é o seu lixo. Quando terminar de jogar, ele tira do monte quantas cartas precisar para ter três cartas em sua mão e quatro na mesa.

Depois, é a vez do jogador seguinte: ele varre ou descarta uma carta. Para varrer, ele pode também usar a última carta descartada no lixo por cada um dos outros jogadores em suas jogadas.

Quando não houver mais cartas no monte e os jogadores não puderem mais varrer nenhuma carta, o jogo termina.

Então, o número total de cartas varridas por cada jogador é contado – quem tiver varrido mais cartas vence o jogo.

Exemplo de jogo:
Tiago tem as cartas 4, 5 e 3 na mão. Sobre a mesa, estão as cartas 6, 4, 8 e 3. E Iara tem a carta 1 em seu lixo. Então, Tiago baixa suas cartas 4 e 5 e varre a carta 1 da Iara, o que forma um total de 10 (4 + 5 + 1). Então, ele pode varrer as cartas 6 e 4 na mesa, o que também forma um total de 10 (6 + 4). Ele coloca todas essas cartas em seu monte (4, 5, 1, 6 e 4). E depois, para finalizar sua jogada, Tiago tira cartas do monte para voltar a ter três em sua mão e quatro na mesa.

*Este jogo foi inspirado no *Scopa*, um jogo italiano de cartas.

VARIAÇÃO: Varre-tudo à espanhola

Como jogar:

Este jogo segue o mesmo princípio do varre-tudo, mas com algumas diferenças.
Aqui, você deve varrer um grupo de cartas que totalize 15.
Os jogadores só podem pegar uma carta de sua mão para varrer as cartas da mesa ou as descartadas por seus adversários.
O total da soma dos números das cartas tem que ser 15. Quando não puder varrer nenhuma carta, o jogador descarta uma no lixo.

PALAVRA PROIBIDA
Faça outro jogador dizer a palavra proibida.

Como jogar:

Um jogador é escolhido para ser interrogado e deve ser isolado do restante do grupo.

Falando bem baixinho, os outros participantes escolhem uma palavra, que será a palavra proibida. Eles não podem pronunciá-la de forma alguma, mas têm que fazer o jogador escolhido dizê-la.

Quando o jogador retornar ao grupo, os demais devem lhe fazer perguntas, tentando fazer com que, ao responder, ele fale a palavra proibida.

Por exemplo, digamos que a palavra proibida seja "chocolate". Os jogadores poderiam perguntar: "Qual é um doce de que você gosta muito?". Se o interrogado disser a palavra proibida, ele perde e tem que jogar novamente com outra palavra. Contudo, se souber a palavra, ele precisa levantar a mão – nesta hora, ele pode dizer a palavra sem medo. Se acertar a palavra, ele ganha e, depois, escolhe outro jogador para ser interrogado. Mas, se errar, o jogo continua e ele terá de pagar uma prenda no fim do jogo.

Quer fazê-lo dizer "árvore"? Comece com: "O que cresce até ficar bem alta?".

46

BOLA NO MEIO

Seja mais rápido que o seu adversário!

Você vai precisar de:
- 11 bolas
- 1 pedaço de giz

Como jogar:

Todos os jogadores, de mãos dadas, formam um círculo, deixando de fora quem for escolhido para segurar a bola.

O jogador com a bola entra no meio do círculo e, com o giz, desenha um xis no chão. Então, os jogadores soltam as mãos e dão três passos para trás. Sem avisar, o jogador que estiver no meio joga a bola para um dos jogadores e sai imediatamente de dentro do círculo.

O jogador que receber a bola precisa colocá-la no xis antes de correr atrás do arremessador em volta do círculo. O arremessador precisa voltar para dentro do círculo pelo mesmo lugar que saiu e então encostar na bola, que está no chão. Se conseguir tocá-la sem ser pego, ele passa a ocupar o lugar do outro jogador no círculo, que, por sua vez, se torna o novo arremessador. No entanto, se for pego antes de encostar na bola que está no chão, ele volta para o centro do círculo e continua sendo o arremessador (mas agora ele tem que jogar a bola para outra pessoa); nesse caso, o jogador que correu atrás dele retoma o lugar que ocupava no círculo.

FRASE SEM FIM

Termine a enorme frase!

Como jogar:

Os jogadores sentam-se em um círculo no chão. O primeiro jogador (por exemplo, o mais jovem) começa uma frase do tipo... "Certa vez, um cara...".
O jogador à sua esquerda pega a frase do primeiro jogador e adiciona partes a ela. Por exemplo: "Certa vez, um cara que estava lanchando na cantina...".
O terceiro jogador continua a mesma frase, acrescentando mais informações: "Certa vez, um cara que estava lanchando na cantina da minha escola...". E assim a frase continua, conforme a imaginação dos jogadores.
Se um jogador esquecer uma parte da frase, ele é eliminado.
O jogador que sobrar é o vencedor.

VARIAÇÃO: Que história!

Vamos ver como ficará a história?

Como jogar:

Os jogadores sentam-se um ao lado do outro, formando um círculo ou uma linha. O primeiro jogador sussurra o início da história no ouvido do vizinho. O segundo jogador sussurra para o terceiro o início da história que ele ouviu, adiciona alguns detalhes e assim por diante, até que a história passe por toda a corrente.

O último jogador se levanta e conta a história inteira em voz alta.

O resultado pode ser bastante divertido!

MÖLKKY*

Faça o máximo de pontos possível.

Você vai precisar de:

- 10 tocos de madeira numerados
- 1 base de madeira ou papelão
- 1 pedaço pequeno de madeira ou uma bola

Observação:

Se não tiver tocos de madeira, você pode encher algumas latas com areia para deixá-las mais pesadas e fechá-las com uma fita adesiva bem forte.

Como jogar:

Numere os tocos de 1 a 10.

Posicione os dez tocos na base de madeira (como na figura, colocando o 9 e o 10 no meio), nem muito próximos nem muito distantes uns dos outros.

A cerca de 2 ou 3 metros da base, marque uma linha, que não deve ser ultrapassada quando os jogadores forem lançar o pedacinho de madeira ou a bola.

Um jogador de cada vez atira o pedacinho de madeira ou a bola nos tocos. Se só um toco cair, o jogador ganha o número de pontos que estiver nele. Mas, se vários deles caírem ao mesmo tempo, o jogador ganha apenas um ponto para cada toco derrubado.

Depois de cada jogador, os tocos são postos de volta em seu lugar.

Os pontos são somados e, após cinco ou dez rodadas, o jogador com mais pontos é o vencedor.

*Esta é uma brincadeira escandinava que se joga com garrafas.

CINCO-MARIAS

Seja o primeiro a pegar as quatro pedras.

Você vai precisar de:

- 5 pedras pequenas ou 5 saquinhos de tecido cheios de areia ou arroz

Como jogar:

O primeiro jogador joga as cinco pedras no chão.
Então, ele escolhe uma delas e a joga para cima. Enquanto isso, ele precisa pegar uma das pedras do chão antes de pegar a que estiver no ar. Se conseguir, ele continua jogando. Agora, ele precisa jogar a pedra e pegar duas pedras do chão antes de pegar a que estiver no ar. Se conseguir, ele continua e tenta então pegar três pedras antes de pegar a que está no ar. Se conseguir de novo, ele tenta pegar as quatro pedras antes de pegar a que foi jogada para cima.
Quando um jogador não consegue pegar as pedras, passa a vez para outro jogador. Sempre que for a vez de um jogador, ele precisa começar do zero novamente, pegando uma pedra, depois duas, daí três e, finalmente, quatro.
O primeiro jogador que conseguir pegar as quatro pedras ganha a rodada.
Você tem que ser muito habilidoso neste jogo!

Observação:
Pode-se jogar valendo cinco rodadas.

Pequena variação:

Quando todos os jogadores já estiverem bem treinados, pode-se dificultar um pouco o que se deve fazer, como jogar mais de uma pedra no ar ou passar uma pedra por um túnel formado com a outra mão.

UM, DOIS, TRÊS... SOL!

Seja o primeiro a alcançar o guarda sem ser visto!

Como jogar:

Um jogador é escolhido para ser o guarda.
Ele fica em pé, virado para uma parede ou ao lado de uma árvore, de costas para os demais.
Os outros jogadores fazem uma fila a cerca de 20 passos do sentinela. Este bate na árvore (ou na parede) dizendo "um, dois, três... sol". Durante a contagem, os jogadores se movimentam em direção a ele, cada um em seu próprio ritmo. Quando disser "sol", o guarda se vira. Então, os jogadores ficam congelados em suas posições.
Se o guarda vir alguém se mexendo, ele fala o nome dessa(s) pessoa(s) e a(s) manda de volta para a linha de partida.
Vence o jogador que conseguir alcançar o guarda sem ser visto, bater na árvore (ou na parede) e disser "sol". Ele será nomeado o "guarda" da partida seguinte.

VARIAÇÃO: Um, dois, três, sapatinho inglês!
Fuja do guarda!

Como jogar:

A regra deste jogo é bem parecida com a do Um, dois, três... sol! A diferença é que, desta vez, quando o guarda virar as costas e bater na parede ou na árvore, ele diz: "Um, dois, três, sapatinho inglês!".

Enquanto isso, os jogadores avançam, "congelando-se" em suas posições quando o sentinela se virar e disser "inglês!".

Qualquer um que for pego se mexendo será mandado de volta para a linha de partida pelo guarda.

Quando um dos jogadores alcançar a parede (ou a árvore), vai precisar tocar nela e dizer "chouriço". Esse é o sinal para que todos os jogadores voltem rapidinho para a linha de partida, porque o guarda começa a correr.

O jogador que encosta na parede (ou na árvore) precisa correr bem rápido para evitar ser pego!

O jogador que for pego será o guarda na rodada seguinte.

*Este jogo é muito popular na Espanha.

53

AMARELINHA

Chegue ao Céu e volte ao Inferno sem cometer erros.

Você vai precisar de:
- 1 pedaço de giz ou fita-crepe
- 1 pedrinha (ou um saquinho com areia)

Como jogar:

Desenhe o caminho da amarelinha no chão com um pedaço de giz ou fita-crepe, o Inferno, o Céu e, entre eles, os números de 1 a 8, conforme a ilustração.

O jogo se inicia na casa Inferno, de onde o participante joga sua pedrinha na casa 1. Depois, sem encostar na casa 1, ele pula com um pé só na casa 2 e depois na 3, e daí pula nas casas 4 e 5, ao mesmo tempo, colocando seu pé direito na casa 5 e o esquerdo na casa 4. Então, pula de novo com apenas um pé na casa 6 e nas casas 7 e 8 ao mesmo tempo, para, em seguida, chegar ao Céu com os dois pés. De lá, ele retorna ao Inferno fazendo o caminho oposto, sem se esquecer de pegar a pedrinha, mas sem pisar na casa 1. Ele continua jogando a pedra nas casas 2, 3, 4, e assim por diante, até a última casa. Quando erra, o jogador cede a sua vez para o próximo. Quando for sua vez de novo, ele recomeça o jogo lançando a pedrinha na casa em que tinha parado.

São considerados erros: colocar um pé no chão quando não se deve, pisar em uma das linhas, atirar a pedra na casa errada ou fora do caminho, e pisar na casa que está com a pedrinha. Vence quem terminar o caminho primeiro.

VARIAÇÃO: Amarelinha com números

Como jogar:

Desenhe um quadrado grande com giz. Divida-o em 16 casas, grandes o bastante para que se possa pisar dentro delas com os pés juntos. Escreva os números de 1 a 16 nelas, sem seguir uma ordem.

O jogador pula na casa 1 com seus pés juntos, e depois na casa 2, na 3, e assim por diante, até a última casa. O objetivo é passar por todas as casas o mais rápido possível. Se pular em uma casa errada ou esbarrar em uma linha, perde a sua vez. Quando for sua vez novamente, ele recomeça do 1.

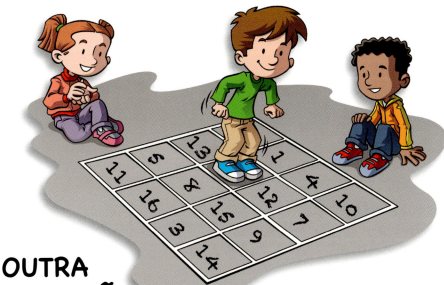

OUTRA VARIAÇÃO:
Amarelinha com os dias da semana

Como jogar:

Desenhe um caminho e escreva nos espaços os dias da semana.

O jogador fica em frente à casa da segunda-feira e joga sua pedrinha nela. Depois, ele pula com um pé só na casa da segunda-feira e, com o pé que está no ar, empurra a sua pedrinha para a casa da terça-feira. Ele pula na casa da terça e empurra sua pedrinha na casa da quarta-feira. Assim ele segue por todos os dias da semana até chegar à casa do domingo. Na segunda rodada, ele fica em frente à casa da segunda-feira novamente, mas joga sua pedrinha na casa da terça, então ele já começa pulando diretamente na casa da terça. E assim por diante, até que ele tenha passado por todos os dias da semana.

CORRIDA DO OVO

Não deixe o ovo cair.

Você vai precisar de:

- 1 colher de sopa para cada jogador
- O mesmo número de ovos cozidos ou de bolinhas do tamanho das de pingue-pongue que possam caber nas colheres

Como jogar:

Prepare um pequeno circuito para que todos sigam. Por exemplo, se o jogo for dentro de casa, você pode fazer um zigue-zague entre cadeiras, mesas e almofadas. Se for em um ambiente externo, você pode fazer um zigue-zague entre árvores ou até vasos de plantas.
Todos os jogadores se posicionam na linha de partida.
O mestre do jogo dá as instruções conforme os jogadores vão avançando. Por exemplo, ele pode dizer a eles para avançarem andando de costas ou dando dois passos para a frente e um para trás etc. A cada vez que um jogador deixa o ovo (ou a bola) cair, ele precisa dar três passos para trás.
O primeiro jogador a passar a linha de chegada vence o jogo.

Pequena variação:

O jogo pode ser organizado com times, em uma corrida de revezamento. Nesse caso, dois times iguais são formados e cada jogador precisa percorrer parte do circuito e passar o ovo para o colega, que estará esperando por ele no ponto de revezamento.
E, para complicar um pouco mais, se um jogador deixar o ovo cair, precisa voltar para o ponto de revezamento.
O time do primeiro jogador que alcançar a linha de chegada é o vencedor.

VARIAÇÃO: Balanço

Como jogar:

Nesta versão, joga-se sem o ovo e sem a colher!
O objetivo é transportar um objeto equilibrando-o, sem deixá-lo cair. Por exemplo, caminhar com um livro em sua cabeça, ou equilibrar um lápis ou borracha na ponta do seu dedo, uma bola em um prato ou uma bola entre dois bastões etc.
Da mesma forma que no jogo anterior, primeiramente um pequeno circuito deve ser delimitado, e o mestre do jogo deve dar as instruções durante o percurso. Desta vez, as coisas são bem mais complicadas!

LOBO

Não se torne o lobo.

Como jogar:

- Um jogador é escolhido para ser o lobo.
- Seu objetivo é correr atrás dos outros jogadores, que fogem como coelhos.
- Se o lobo tocar em um dos coelhos, ele deve gritar "lobo" para que o jogador tocado se torne o lobo!
- Então, já sabe: muito cuidado com o lobo!

VARIAÇÃO: Lobo congelado*

Evite ser congelado pelo lobo!

Como jogar:

Como no jogo anterior, o lobo começa perseguindo os outros jogadores. No entanto, nesta versão, quando encostar em um deles, o lobo grita "congelado!", e o pobre jogador fica congelado em seu lugar.

Ele não pode correr, a menos que um dos colegas venha e encoste nele para descongelá-lo. Nesse caso, o jogador que tinha sido congelado volta ao jogo e começa a correr de novo!

O lobo vence quando todos os jogadores estiverem congelados ao mesmo tempo.

*Este jogo é muito popular na Rússia.

MAIS UMA VARIAÇÃO: Lobo derretido
Não derreta muito rápido, senão vira lobo!

Como jogar:

Esta é outra variação do jogo do lobo congelado.

Como nas versões anteriores, um jogador é escolhido para ser o lobo, que irá perseguir os outros participantes. Se encostar em um deles, ele grita "congelado!". Entretanto, desta vez, o jogador que tiver acabado de ser congelado começa a derreter; isto é, em seu ritmo, ele vai aos poucos caindo no chão...

Se outro jogador encostar nele enquanto estiver derretendo, ele descongela e volta a jogar normalmente. Porém, se nenhum jogador "descongelá-lo", ele derrete completamente e, quando estiver no chão, torna-se um lobo! Nesse caso, ele passa a perseguir os outros jogadores para congelá-los.

O jogo termina quando só restarem lobos.

DISCOTECA*
Evite entrar na dança!

Como jogar:

Um jogador é escolhido para ser o DJ. Ele irá correr atrás dos colegas para colocá-los na dança (isso é feito ao encostar neles). Quando encostar em um jogador, ele grita "discoteca!". Então, o jogador precisa começar a dançar no lugar em que está.

Outro jogador pode tentar salvá-lo. Porém, para fazer isso, precisa passar por baixo das pernas do jogador que está dançando e que não pode parar para que o outro colega o salve.

Enquanto isso, o DJ continua tocando todo mundo.

Quando todos os jogadores tiverem sido tocados, o jogo acaba.

Observação:
Pode-se colocar música para animar ainda mais a brincadeira.

*Este jogo vem do Canadá, onde é muito popular.

VARIAÇÃO: Zoológico*

Como jogar:

Esta é uma versão bem divertida do jogo anterior.
Aqui, um jogador também é escolhido para ser o veterinário. Ele persegue os outros jogadores. Quando encostar em outro jogador, ele diz o nome de um animal, que, então, deverá ser imitado. Por exemplo, se ele gritar "tigre", o jogador que foi pego precisa se movimentar como um tigre e imitar o rugido desse animal. Esse jogador pode transmitir suas características para outros jogadores ao encostar neles. Contudo, ele nunca pode deixar de imitar seu animal, a menos que seja para receber outro. Quando todos tiverem sido tocados e sobrar apenas o veterinário, ele poderá ser tocado por qualquer outro jogador.
Aquele que conseguir tocá-lo será o veterinário na rodada seguinte.

*Este jogo vem do Canadá, onde é muito popular.

A ÁGUIA, A GALINHA E OS PINTINHOS*

Não deixe a águia comer os pintinhos!

Como jogar:

Um jogador é escolhido para ser a galinha e outro, a águia. Os demais são os pintinhos. Os pintinhos fazem uma fila atrás da galinha, segurando um no ombro do outro. A águia fica encarando a galinha. Seu objetivo é encostar nos pintinhos, sem tocar a galinha. Esta, por sua vez, defende seus pintinhos abrindo seus braços e ficando entre eles e a águia.
Quando a águia encosta em um pintinho, ele sai de trás da galinha e fica esperando em um canto.
Se o primeiro pintinho que está atrás da galinha se soltar, então, é como se todos os outros pintinhos tivessem sido pegos pela águia.
O jogo termina quando a águia tiver capturado todos os pintinhos.
O último pintinho a ser pego será a águia na rodada seguinte; e o primeiro, a galinha.

*Este é um tradicional jogo chinês.

LAGARTIXA

Pegue o rabo das outras lagartixas e cuide bem do seu!

Você vai precisar de:

- Um pedaço de fita, uma tira de papel crepom, um lenço ou até um cachecol para cada jogador
- Pregadores de roupas

Como jogar:

Para formar o rabo da largatixa, com um pregador de roupas, fixe um pedaço de corda no final das costas de cada jogador. É necessário que cerca de 30 cm da corda arrastem no chão.

Quando cada lagartixa tiver seu rabo, o jogo pode começar.

Cada lagartixa precisa tirar os rabos das outras pisando sobre o pedaço de corda que se arrasta no chão.

Mas atenção! É proibido usar as mãos; você só pode puxar o rabo se pisar nele!

E lembre-se de tomar cuidado para não ter seu rabo puxado!

As lagartixas que perderem seus rabos serão eliminadas, uma após a outra.

A última lagartixa com rabo é a vencedora.

63

QUEIMADA

Liberte os prisioneiros!

Você vai precisar de:
- 1 bola

Como jogar:

Desenhe um retângulo grande no chão e divida-o em dois, formando um campo para cada time.

Em seguida, desenhe uma prisão atrás de cada campo.

Os jogadores dividem-se em dois times. Cada time ocupa um campo.

Um dos times é escolhido para começar. Então, um de seus jogadores joga a bola para o campo adversário, tentando acertar um dos oponentes.

Se a bola tocar em um adversário antes de bater no chão, esse jogador está queimado. Ele vai para a prisão atrás do campo do adversário.

No entanto, se a bola bater no chão antes de tocar qualquer jogador, os jogadores do outro time podem pegá-la e tentar queimar um dos adversários jogando a bola nele.

Se o jogador que estiver na prisão conseguir pegar a bola, ele volta para o seu campo.

O primeiro time a ficar sem jogadores é o perdedor.

*O jogo é conhecido na França como "O jogo de bola do prisioneiro". No Canadá, ele é muito popular com o nome de "A corte do rei".